はじめに

大学教授であり、附属小学校、中学校の校長も務めている先生に、多忙な毎日の中で校長として何を大事にしているかを聞いたことがあります。

「言葉の力です。」即答でした。

どんなに忙しくしていて学校にいる時間が少なくても、校長の発する言葉で教職員に力を与えることができます。方向を示すことができます。校長の言葉一つで教職員は変わるということでした。加えて、その先生は、人の話を誠実に聞いていました。聞くことにも心を砕くことが必要です。話を聞く姿勢に校長の篤実な人柄が表われていると、教職員も保護者も大きな信頼を寄せるようになるからです。

この先生の話が、今も私の心に残っています。私も自身の校長生活を振り返り、校長の「話す力・聞く力」が学校経営にどれだけ大きな力を与えるか、身に染みて感じてきました。

明日の社会は、今、目の前にいる子どもたちが創ります。全国の校長先生たちは、その子どもたちを育てる学校の教職員のリーダーです。明日を創る学校経営の柱として、校長の「話す力・聞く力」は欠かせません。

本書は、私がこれまでの経験を通して、自分なりに考え、感じ、工夫したこと、気がついたことなどをまとめたものです。全国で学校経営に全力であたっている校長先生たちにとって、本書が少しでも参考になればこんなにうれしいことはありません。

―目次―

校長の言葉で船出が始まる

四月一日、新年度が始まるこの日、学校に勤める教職員は誰でも緊張感をもって勤務初日を迎えることとなる。

担任は新しい学級の子どもたちの情報を頭に入れて一年間の学級経営計画を立て、専科教員も一年間の学校行事を見通して自分の果たす役割を考える。転入してきた教職員は、新しい学校で職場の雰囲気をつかむまで、落ち着かない気持ちとなる。その中で校長は職場全体の士気を高める役目を担っている。新人校長はもちろんのこと、経験豊かな校長でも身が引き締まる思いをするのが、年度初めの四月一日である。

かつて、初日の職員会議で学校経営方針を延々と一時間近く読み上げる校長がいた。多くの教員たちが次第に話を聞かなくなり、時間割作成や週案簿記入など他の仕事をし始めた。それでも話を続ける校長の姿からは、共にこの学校をつくっていこうという協働意識が見えてこない。これでは、自分のことしか考えていない校長という印象をもたれ、信頼感を得ることはできない。

この日は学校という船が、乗組員たる教職員を乗せて航海に出発する日であると言えよう。校長はその船長として全体の責任者となる。まさに船出の日に、この船長の舵取りに任せておけば大丈夫、一緒に航海していこうという気持ちをもたせたいものである。

近年、教員の過重労働の問題が指摘されている。朝早くから夜遅くまで学校で働き、時には休みの日に学校に出たり、家に仕事を持ち帰ったりする。やり出すときりがない教員の仕事は過酷である。子どもの指導でつまずいたり、保護者からの苦情が続いたりすると、くじける気持ちにもなってくる。仕事量が多く、勤務時間が長く、精神的にもつらくなり、割に合わない職業という見方をされることがある。

しかし、明日の社会を創る子どもたちを指導する教員の仕事は、社会的に価値の高い職業である。子どもたち一人一人の可能性を見つけ、伸ばしていく仕事は尊い。教員たちに専門職としての誇りをもたせ、明日も子どもたちの前に笑顔で立つようにリードしていくのは校長の役目である。

四月一日の校長の言葉で、新たな気持ちで出発できるようにしていきたい。この教育という世界で共に働き、苦労を分かち合い、一緒になってこの一年間を過ごしていこうという力強く未来を描く話が求められる。

「教職員全員が一緒に前を向いて進む職場にしたい」
「笑顔があふれる学校を、共につくっていきたい」
「大人も子どもも希望あふれる学校づくりをする」

一年間の航海の中では波が高くなることもある。それを全員で力を合わせて乗り越えなければならない。校長の話で力強く船を出すことである。

頭に映像が浮かぶ話を

新年度が始まり、まず校長の話で大きな舞台は入学式である。校長の話を聞く相手は一年生、ついこの前までは幼稚園、保育園に通っていた子どもたちである。少しでも話が長いと、また意味が通じないと、飽きてしまい落ち着かなくなる。特に新任の校長にとっては、校長としての力が周囲から試されるような気がして、身が引き締まる場である。

子どもも保護者も緊張感いっぱいで臨む入学式、話は短く、わかりやすいものにする。その内容を聞いて、頭に映像が浮かび上がるようなものが大事だと私は思っている。

ある年の入学式で私はこのような話をした。

「みなさんはテレビでドラえもんのアニメを見ますね。とても楽しく私も大好きなアニメです。ところでお話の中で、のび太くんは困ったことがあると『えーん、ドラえもん、何とかしてよ……!』と泣きます。そうするとドラえもんは『しょうがないなあ、のび太くん。じゃあこれを使おう』そう言って秘密道具をお腹のポケットから出して何とかします。ここがドラえもんの面白いところです。……でもあれはアニメの中のことです。学校にはドラえもんはいません。だから泣いているだけでは、だめなんです。みんなは言葉で言うことができますね。だから困ったことがあったら、泣かないで先生にきちんと言葉で言うことにしましょう。そうしたら先生はドラえもんではないですけれど、優しく助けてくれるはずです。」

大きく印刷したドラえもんのマンガを見せながら、このような話をした。のび太が泣いてドラえもんが秘密道具を取り出すあのおなじみの場面が、会場にいた人たち全員に映像として頭の中に残る話となり、多くの来賓や保護者から印象的だったという言葉をいただいた。

一年生の子どもたちは、その後、廊下などで会うと「ぼくはのび太くんのようには泣かないよ!」などと言ってきた。二年生や、三年生になっても、忘れない子が多かった。保護者からは、それまでよく泣いていた子どもが、入学式の校長先生の話のおかげで泣かないで我慢するようになったと言われた。もちろん小学校に入学して、自覚が出て本人の気持ちも変わったに違いない。しかし入学式の私の話もまた、この子の成長に影響を与えたのであれば、意味のある話になったと言えるだろう。

ある年にはカンガルーの写真を見せ、袋の中に入っている赤ちゃんもいつかは袋から出る時がある、小学校入学はその時なんだよという話をした。学習の用意をすること、持ち物を確かめること、宿題をやることなど、自分一人でやることの大切さを話した。このカンガルーの写真は一年生の教室の廊下に貼っておいた。この写真を見ながら、子どもたちは自立に向けての意識が高まってきたと思っている。

相手が一年生の子たちでも、校長の話す力とその工夫によって、頭に映像を浮かび上がらせる印象的な講話となる。

個性が光る言葉

校長の仕事は挨拶業であると言われることがある。確かに校長になると、子どもたちの他に教職員、保護者、地域の人たちに向け、またその他あらゆる会合で挨拶を求められる。それだけ校長という立場は重要で、尊重されるということであろう。

ところでこの挨拶、型にはまったものが実に多い。

例えば地域のお祝いの会合などで、「ただいま、ご紹介に預かった○○です。本日はこのようなお祝いの席にお招きいただき、どうもありがとうございます。」

このような挨拶が延々と続くことがある。他に言い方がないのかと思うくらい、みな同じになってしまう。

学級の子どもたち全員にお互いの自己紹介をさせる時、他の子と違った言葉を言った子は印象に残る。校長の挨拶も、他の人と同じにはしないで、個性的な言葉をぜひ考えたいものである。

「このお祝いの会に出席するということで、私は大変張り切ってきました。この並々ならぬ思いは、今日はいつもより早く起き、朝風呂に入って、身も心も清めてきたことで、みなさん、おわかりになられると思います。」

あるお祝いの会合で私が言ったこの挨拶で、一堂大笑いになり、それまでやや単調気味だった場の空気が一変して和やかなものになった。他人と同じでは変化はないのである。

副校長時代、校長試験対策のための研修会があり、居並ぶ校長先生たちの前で、校長試験受験直前の意気込みを表明する場があった。そこにいた数十人の副校長たちは「○○小の○○です。これまでのご指導ありがとうございました。当日はこれまでのご指導を生かして精一杯頑張ってきたいと思います。」このような言葉が続いた。

もちろんこれが全く悪いということではない。しかし判で押したようにみな同じような言葉ではいかにも面白くない。

私は常に他の人と違う話をしようと考えてきた。自分なりの表現を考え工夫した言葉、それが個性というものである。手垢のついた言葉、誰もが言うありきたりの言葉ではなく、少しでも個性が光る言葉を考え表現することが、話す力の向上につながるというものであろう。

私の話はこのようなものであった。

「一刀両断。今、自分の頭の中にあるのはこの四字熟語です。ものごとをためらわず、きっぱりと決断すること。これまでご指導を受けてきたことをもとにして、自分で考えたことを整理して、まさにためらわずにきっぱりと言い切る言葉で面接を乗り切ってきます。○○小の遠藤です。」

個性を出すということは目立つことにもつながる。会の性格から言って、場にそぐわない場合もある。十分にその場の空気を感じ取ることもまた必要である。しかし、基本的には他の人とは違う言葉を考えることが創造性の発揮であると私は思う。

はじめ ― 中 ― おわり ― まとめ

全校朝会が終わり、教室に戻ってきた子どもたちに、「今日の校長先生の話はどんな話だった?」と担任が聞くと、何の話だったかすぐに答えられないことがある。これは校長の話が子どもにわかりやすく伝わっていないからであり、話し方の問題である。

五分ほどの話を印象づけるためには次のようにするとよい。「はじめ ― 中 ― おわり」を意識して、全体の話を三つに構成する。最後に今日の話の「まとめ」をして、一番言いたいことをくり返す。こうすると印象に強く残る話となる。

例えば、これはある全校朝会で私が話した構成である。

(はじめ)昨日、校長先生は学校の帰り、あるカレー屋さんの前を通ったら、店の前で店員さんがカレーパンを売っているところに出会った。

(中)新しく作ったカレーパンはいかがですか、とってもおいしいですよ、と店の前を通っている人たちに声をかけていた。その店員さんの笑顔がとてもよく、さわやかだったので、こちらの気持ちが明るくなった。その時に食べたいと思っていたわけではないけれど、笑顔につられて、つい買ってしまった。

(おわり)笑顔って素敵だね。笑顔は人の心を明るくする。明るい気持ちになって食べたそのカレーパンはとてもおいしかった。君たちも笑顔がいっぱいの子どもになってほしい。

(まとめ)今日の校長先生の話は、カレーパンを売っていた店員さんのさわやかな笑顔から、笑顔はとっても素敵なものだという話だった。

特に最後のまとめは、全校朝会から教室に戻った子たちに、担任が、「今日の校長先生の話はどんな話だった?」と聞いた時の答えとなるものである。この最後のまとめは、毎回の全校朝会の話で取り入れてきた。

子どもたちに聞く力を育てるには、全校朝会の校長の話は日常の生きた学習材となる。しかし校長の話にまとまりがないと、学習材にはなり得ない。このように三つの構成にし、それを意識した話の展開をして、最後に一言、今日言いたかったことをまとめる話にする。子どもにとってわかりやすく、聞いている教員たちにわかりやすく、何よりも話をする自分にとってもわかりやすくすることが、いい話の条件である。

日頃から、何の話題をどう切り取って、教育の側面から価値づけていくかを考えておくこと。そしてそれを三つに構成し、最後に、どのような言い方でまとめるかを考える習慣をつけることが、朝会の話を上手にするコツである。

全校朝会は週に一度の校長による授業である。副校長や主幹に振るのではなく校長自ら行い、話す力の実践の場としていきたい。

(このカレーパンの話題を出すと、「その店員さんはきれいな女性で、その人の魅力で買ったんじゃないですか。」などの声が必ず先生たちから聞こえてくる。男性の店員でした(笑)。)

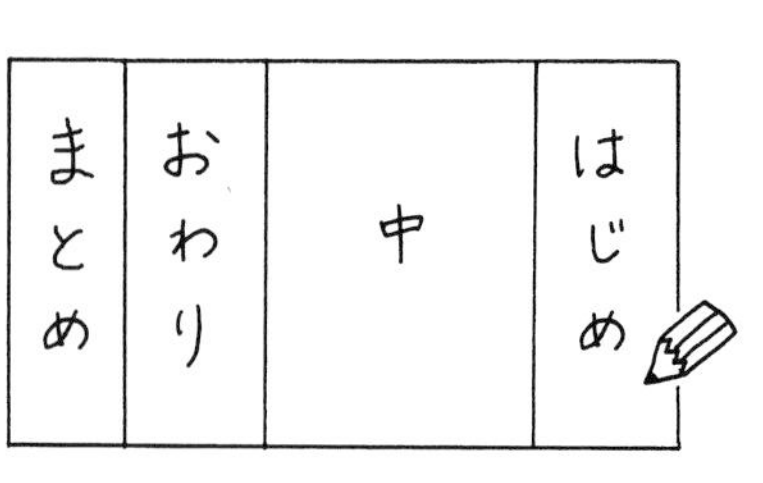

目で見てわかりやすく

話をする時に、聞いている人たちにどうわかりやすく伝えるか、飽きないようにするかは、話し手が考えておくべき大切なことである。

校長は毎週毎週、全校朝会で話をするが、年間数十回の話を、一年生から六年生までの子どもたちに興味をもたせて聞かせることは大変なことであり、そこにはやはり何らかの工夫が必要である。

私はよく、絵、写真、標語など、目に見える具体物を活用していた。五年生が「バケツ稲」で育てた稲穂をそのまま朝礼台に持ってきて、「実るほど頭を垂れる稲穂かな」のことわざを紹介する。言葉だけで聞くよりはるかに説得力がある話となる。

映画のチラシを見せて、その映画の内容から環境問題を話したり、ペットボトルの水を見せながら、アフリカの子どもたちの水に恵まれていない現状を話したりした。どれも具体物があると、子どもたちの注目が集まり、効果が高い。

私の知っている校長先生の中では、絵が得意な方がいて、時々ご自分で書いた絵を朝会で紹介しながら、その時に話したいテーマにもっていく手法をとっていた。絵という具体物があると、子どもたちは喜び集中する。そこから話をするというのは全校朝会を楽しくし、話をわかりやすくするためのよい工夫である。

私は卒業式近くになった全校朝会で、話をしたことがある。

「こちらのランドセルは六年生の子から借りたもの、そしてこちらは一年生の子から借りたものです。どちらがきれいですか。もちろん一年生の方がきれいですね。でもこの六年生のは、ただ古くなったというものではありません。この小学校に毎日通い、教室で学習を続け、友達と一緒に遊んだり、時にはけんかをしたり仲直りをしたりして、たくさんのことを経験してきました。その小学校生活の六年間の思い出がこの中にぎっしり詰まっているのです。一年生のに比べるとすり切れているように見えるのは、それだけ六年間の年輪が刻まれているからなのです。」

その後、六年生は卒業までランドセルを大切にすること、卒業前日には、その中に入っている思い出を今度は胸に移し替えて卒業式に臨むこと、一年生から五年生は、卒業する時に、ランドセルにたくさんの楽しい思い出がつまるような小学校生活を送ろう、このように話を続けた。

実物を見せた全校朝会での話の効果は大きかった。それまで以上に子どもたちは大切に扱うようになった。

授業でも写真、動画、実物などを見せると学習への関心、集中が高まるのは言うまでもない。朝会などの話ではもちろんのこと、研究会での話などでも積極的に使うことをお勧めする。目で見てわかりやすいものを見せることは、話す力を大きく補うこととなる。

話は短く

あるマンガで学校の全校朝会の場面があった。校長の話が始まると「きっとまた話が長いんだぜ」と子どもたちがささやき合う。それにかまわず校長の長い話が続く。「校長の話＝長い」という世間のイメージをそのまま表現した内容で、思わず苦笑いをしてしまった。私も周囲の先生たちから「私の学校の校長先生は話が長くて……」という話をしばしば耳にする。

『「捨てる！」技術』という本が話題になったことがある。私たちの生活の中には、物があふれていて無駄な物がある。本当に必要な物は何なのかをいくつかの観点から考え、もったいないと思っても使わないものは捨てる。すると物に縛られない豊かな生活ができるというような内容であった。

人の話もこれに似ている。あれも言いたい、これも言いたいと、話材がたくさん出てくる人がいるが、長い話はどうしても飽きてしまう。自分が思っているほど、相手はこちらの話を聞いてはくれない。どうでもいいことが長く続くと、話の焦点がぼやけてしまう。結果として何を言いたかったのかが、よくわからない話となってしまうのである。

腹八分という言葉があるが、人の話もまた同じで、言いたいことの八割までと考えるといいだろう。無駄なところを削って、すっきりした話にまとめあげていくことが必要である。

朝会でも会議でも校長が長々と話さないこと。「会議は少なく、話は短く」が、校長時代の変わらぬ私の一貫した基本方針であった。会議を少なくして、大事なことだけに話を絞って教職員に伝えることが大事である。朝会などの話も短くまとめる。教員時代、長々とした人の話を聞くことが私も不満だった。この気持ちを忘れずに、子どもに向き合う教員の時間を確保したいという思いからであった。

話を短くするためには、以下のことに気をつけるとよい。

まず、この話は誰のために、何のために話すのかという意識を常に明確にもつことである。何となく漠然とした考えで話を始めると、話もいろいろな方向へ向かってしまい、結果としてだらだらとした長い話になってしまう。誰を相手に、何の話をするのかという相手意識、目的意識をもち続けることである。

次に、自分の言いたいことを一言でまとめるよう意識することである。説明文の学習で言うと、要約をするということである。お茶を飲みながらの雑談と違い、ある考えを人に話す時には、まとまりのある話にしなければならない。自分の言いたいことは、一言で言うとこうである、要するにこうである、などのような言い方を日頃から鍛えることにより、要約をした短い話ができるようになる。

「話の効果はその時間と反比例する」この言葉を噛みしめたいものである。

テーマは一つ

研修会で、ある校長が「私の言いたいことは五つあります。」と言って、一つめが小中連携教育の重要さであり、二つめが子どもたちのコミュニケーション力の低下であり、三つめが学校と保護者の協力体制であり……というように次々にその五点について説明をしていったことがある。一つ一つは確かに現在の学校教育の課題として、対応していかなければならないものになるのだとは思う。

しかし印刷物などが手元になく、音声言語として話を聞く時は、五つはあまりに多過ぎる。事実、話が終わると、聞いている側はわからなくなり、一つめ、二つめの話は何だったかなどと言葉を交わす人たちがいた。むろん私も同じであった。

話し方の技術を教える本などでは、「話すことは三つに絞れ」と書いてあるものが多い。話し手が言いたいことはさまざまにあろうが、それを集約して、あらかじめ大事なことは三つですと言ってから話すと、聞き手は整理ができてわかりやすくなるということである。

確かにそうであろう。聞き手の心の準備ができるので、何も言われないより、前もって三つですよと言われると安心して聞くことができる。教育委員会の指導主事なども、大事なことが三点あります、などと言ってから研修会で説明する場合が非常に多い。三点を挙げての説明の仕方は、的を絞って話を聞くことができる。

しかし、持ち時間、会の性格、その人の話をする立場などの状況によっても違ってくるが、私は基本的に話す時には、「テーマは一つ」がいいと思っている。と言うのは、聞き手はいつもそれほど集中して聞いてくれるものではないからである。スピーチ、説明などの人の話は、早く終わってくれないかなどと思いながら聞いている人も多い。いくら話し手が気負いこんでも、聞く側としてはそれほど期待しているわけではない。話し手と聞き手の温度差があることが普通である。

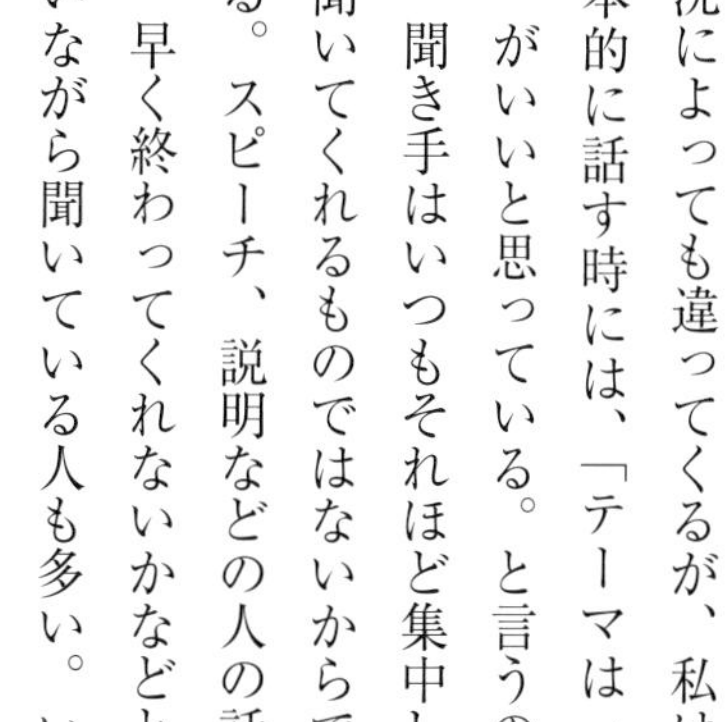

そこでテーマは一つに決め、このことだけに集中して話をする。これの方がずっと効果的であると私の経験から思う。一点に集中して話をすると、余計なことが省かれるので、話もしやすい。聞いている人たちも、聞きやすく頭に残りやすい。

全校朝会の校長の話でも同じである。

子どもたちに挨拶の大切さについて話をしたと思えば、「話は変わって」と言って、次に翌週に迫った運動会で全力を尽くそうなどと話す校長がいる。わずか五分ほどの校長の話の中で話題をいくつか盛り込んでも印象は薄れるだけである。

この場合、どちらかに話題を絞って、子どもたちに語る方が強い印象として残る。子どもたちに少しでも印象に残らなければ、全校朝会で校長が話をする意味はないのである。

テーマは一つ。二つはいらない。

結論から先に

時に、聞き手のこちらが苛々してくるのは、話し手がなかなか結論を言わずに経過をだらだらと話す時である。

「早くその先を言って」「それで、結局どうなったの?」「話の中心点は何?」という言葉が思わず口に出そうになってくる。話している本人は、はじめからの経過をすべて順を追って話していて、丁寧な話し方をしていて、これで何が悪いと思うかも知れない。

しかし仕事上の話は、結論から先に言うのが鉄則である。蚊取線香に例えてみよう。結論は渦巻きの中心である。そこにたどりつくまでには、一番端のところに火を点けて、その火が渦巻き状に進んで、最後に中心にたどり着く。これと同じ話の進め方をしてしまうと、いつも結論が最後に来てしまい、ただ時間がかかるばかりで能率が悪いことこの上ない。お互いに忙しい中で仕事をしているのである。まずは結論を先に言ってから、相手にこちらの意図をわかるようにして、結論のあとに補足をすればよいのである。案件によっては、結論だけを言えば、経過を聞かされなくても全く問題がないこともある。

校長は組織の中の教職員に、仕事上の報告は結論から先に言うことを指導すべき立場にある。しかし校長の話そのものが結論をあとにして、そこに至るまでの経過を長々と話す人がいるのも事実である。

ある学校でこんなことがあった。PTA役員から、夏の暑い時期に、冷たい水を入れた水筒を子どもたちが学校に持って来ることを許可してもらえないかという要望があった。

水筒の置き場をどうするか、授業の邪魔にならないか、水が残った時に家に持ち帰って十分洗ってくることができるか、水筒の中身で水以外のものを入れてくることはないかなど、さまざまに予想される問題点が職員会議で出された。その話し合いを経て、保護者の協力のもとに水筒を持って来ることを認めるという結論が出された。

PTA役員会でこれを伝える時に、その校長は、初めから経過を長々と話し、最後にやっと結論を言ったのである。途中で役員たちは、早く結論を知りたくて、何回か「それでどうなったのですか?」などの先を促す発言があったと言う。さぞ苛々しながら聞いていたことだろう。

この場合、校長は「結論から言うと、水筒を持って来てもいいということになりました。」とまず言ってから、予想される問題点を話せばよいのである。保護者がまず結論を聞いて安心をしてから、問題点があることを校長が話すと、学校側の意図を汲んでくれる。自分たちの要望を聞いてもらえたのだから、この問題点は保護者もしっかり聞いて、それに対応しなければという思いで聞くことになる。

はじめから経過を長々と話さず、結論から先に言う。これを校長自ら実行したい。

正しい日本語、誰にでもわかる言葉

校長は数百人の子どもたちや保護者の前で、数十人の教職員や地域の人たちの前で、話をする立場にある。その校長の話を聞いている人たちから「今の校長先生の話に出てきた言葉、おかしくない？」と言われないようにしたいものである。

今の若者が良いことにつけ、悪いことにつけ、よく使う「やばい」という言葉をさすがに校長は使わないとは思うが(笑)、次のような言葉を校長が使っている場に居合わせたことがある。

○「自分的にはこの考えがいいと思います。」

～的というと、少しぼやかす表現になり、言い方を柔らかくしていると感じるのかも知れない。いわゆる若者言葉から出てきたもの。自分としては、という言い方に替えたほうがよい。

○「移動教室では飯ごう炊さんのカレーを食べてその数時間後の夕食では、さすがに全部は食べれないと思います。」

いわゆる「ら抜き言葉」であり、正しくは「食べられない」である。

○「三月の初め、今日は暖かくなってきて、まさに小春日和の日です。」

春のような穏やかな初冬日が、小春日和である。

また、聞く相手に応じて言葉を使い分ける配慮も必要である。相手が理解できない、いわゆる業界用語を使うと一人よがりになってしまう。

○（保護者会などで）「A教諭は、来週は実踏で学校にはいません。」

保護者など、学校外の一般の人たちには「実踏《じっとう》」という言葉は通用しない。これは実地踏査の略である。私はこのような時にはいつも、一般に使われる下見という言葉を使っていた。

○（PTA役員などに）「その学級には、担任が出張中の時には補教を付けるから安心して下さい。」

これもよく使われる学校独自の言葉である。聞いている人は「ホキョウ？」思わずどういう意味かわからなくなるだろう。担任の代わりの先生と言えば、誰にも通じる言葉になる。

若い時に国語教育学者の文章を読んだことがある。

「言葉は時代とともに移り変わるもの。世代が違ってくると言葉が変わってくることは仕方ない。しかしその変化はできるだけゆっくりしたものの方が好ましい。子どもの前に立つ教師は流行の言葉に左右されないようにしたい。」といった言葉が、私の心にずっと残っている。

先述した「ら抜き」言葉もあと数十年もしたら、この言い方はおかしいと指摘する者の方がおかしいということになるかも知れない。実踏も補教も一般化する言葉にならないとも限らない。その時代の人たちが普通に使っている言葉が標準になっていくものだからである。

しかし、やはり学校教育を行う校長が使う言葉は慎重でありたい。今の時代の正しい日本語を、言葉を教える学校の長として、使いたいものである。正しい日本語を使い、誰にでもわかる言葉を使って、校長の「話す力」を高めていきたい。

遊び言葉　カタカナ言葉

人には誰にも話し方の癖があり、自分ではなかなか気づかないものである。私は初任の時、先輩から「ちょっと」という言葉が多過ぎると指摘されたことがある。

「みんなちょっと校庭に集まることにしよう。」

「これからちょっとハードルの練習をしよう。」

確かに意味のないところで、この言葉を使っていたのである。

「えー、あのう、今年度は本校の五十周年になります。」

「運動会では、えーと、全員が楽しくできる種目を考えます。」

このような話し方をする校長先生も多い。「えー」「あのう」「えーと」などの言葉はなくても一向にさしつかえなく、意味が十分通じるのである。これらの言葉は不要であり、無駄な言葉と言えよう。ある国語教育学者はこのような言葉を、無駄に遊ばせているような言葉で「遊び言葉」と呼んでいた。

もっとも落語家などはこれらの言葉を意識して使うことがよくある。昭和の名人と言われた古今亭志ん朝などは「えー」「あのう」という言葉を落語の中で多く使っていた。しかし、だからと言ってそれで聞き苦しいということは全くなかった。きびきびとした話の展開の合間に、このような言葉を使って独特の間を作り出していた。落語という古典芸能の語りの中では、これらの言葉が一つのリズムとなって、話を流していく妙味となっていたのである。

だが、私たち一般人は、やはり余計な言葉を省いたほうがよい。要領を得た話をめざす校長としては、遊び言葉をなくすことにより、無駄のないすっきりした話し方ができるようになるのである。

もう一つ、カタカナ言葉を多用すると話がわかりにくくなるので気をつけたい。サポート、フォロー、スキル、リテラシーなど、教育界においても使われるカタカナ言葉は増えている。日本語に訳しきれない言葉はカタカナ言葉で理解する必要があるだろう。

しかし馴染みのないカタカナ言葉が多く出てくると、相手は理解できず、あるいは理解するのに時間がかかり、結果として意味が通じなくなることが多い。本人もよくわかっていないで使うなら、なおさらである。カタカナ言葉をよく使う教員に、その意味をどの位理解しているのか聞いたことがある。自分でもよくわからなくて使っている、勉強熱心と思われるので、つい使ってしまうと本音を吐露していた。使うとしたら、その言葉の意味を十分理解した上で、自分のものにしてからにすること。そして、多用せず適度な使い方が大事である。

スクールリーダーたる校長は、カタカナ言葉を多用しないということを自らのポリシーとして、教職員のコンセンサスを得た上で、日本語を尊重したカリキュラム・マネジメントを進めてアグレッシブな学校経営を行い、教育のイノベーションを進めていきたいものである。（力が入り過ぎてついカタカナ言葉を多用してしまいました（笑）。）

相手を見て、笑顔で、最後まで聞く

校長を退職した今でも、多くの教員たちと話す機会がある。その中で、組織のトップである校長先生への不満の声が聞こえてくることがあり、多いのが「校長先生が話を聞いてくれない」ことである。

相手の話を途中で遮り、情報を十分にとらえずに自分の考えを話し出してしまう校長、表情にほとんど変化がなく、こちらの話を聞いているのかどうかわからないと不安にさせてしまう校長、親身になって丁寧に話を聞いてくれようとしない校長……、このようなことをしばしば耳にする。

私自身も教員の時に、話を最後まで聞いてくれない校長に出会ったことがあり、このような教員の不満はよくわかる。

子どもたちが好きな先生とは、話しかけやすい先生であり、話をよく聞いてくれる先生である。これと同じことが教員から見た校長にも言える。話をよく聞いてくれる校長は、教員にとって信頼が置ける。話す力だけでなく、聞く力は校長の学校経営にとって欠かすことのできない大きな資質能力である。ぜひ一人一人の教員の声にじっくり耳を傾ける校長でありたい。

人の話を聞く時の大切なポイントは次のようなものである。

相手を見て聞く……話を聞く時は、話している相手を見るのが大原則である。しかしそれができない校長も少なくない。ノートやメモに目を落としたり、パソコンや他の資料を見続けたりして、相手をよく見ないで聞くのは失礼な態度である。相手もこの人に話をしようという気持ちが薄れてしまう。相手と向き合って、私はあなたの話を聞いていますよ、という態度をまず示すことである。

笑顔で聞く……人は話をしている時に、相手の表情が気になる。無表情でいられると、このまま話を続けていいのかという不安な気持ちになる。話しかけにくい雰囲気というのは、まさにこの笑顔が見られないことであろう。子どもたちも笑顔の校長が大好きである。日頃から笑顔が苦手な人は、校長室にある鏡に向かって一日に何度か笑顔をつくってみるとよい。顔の筋肉がほぐれてきて笑顔がつくりやすくなる。校長室に人が入ってくる時は、「笑顔で聞く」ことを自分に言い聞かせてから聞くことである。

最後まで聞く……校長に話を聞いてもらったという実感が残るのは、話を最後まで聞いてもらえたという時である。しかし相手の話を途中で遮り、「それはこうなんだよね」とすぐに自分の考えにもっていってしまう人は結構多いものである。話は最後まで聞かなければ、相手が何を言おうとしているのかわからない。それを相手の話の途中で自分の意見を言ったり、結論を出してしまうということは乱暴な聞き方である。

もちろん話し手によっては、うまく順序立て、筋道を立てて話ができない人もいる。そのような時には、相手の話の迷いを適切に整理してあげて、言いたい点を明らかにしてあげることが必要となる。ここは、校長の聞く力の腕の見せ所である。

うなずき、相づちで、積極的に聞く

私は、これまで三百回以上に及ぶ研究会講師を務めてきている。その指導の中で必ず演習の場をとる。実際に自分で活動をしてみると、問題点などが把握できるからである。教員たちを二人組のペアにして話し合う演習も好評である。聞き手が全くうなずかない、表情にも変化がなく無表情でいることになったら、話し手としてはどんな気持ちになるかを体感してもらう。

この演習を行うと、いくら熱を込めて相手に話をしていても、聞き手が笑顔を一つも見せず、うなずきもせずにいられると、このまま話し続けるのが嫌になってしまい、虚しい思いに陥る。その場に参加した教員たちからは、自分たちで実際にやってみて、いかに聞き手の反応が大事かを実感しましたという声が多くあがってくる。

大勢の聴衆を前にして演説をする政治家、多くのお客さんを前にして話をする落語家も、聞き手の反応がいいと自分の話がよりよくなると言う。大学で講義をしていても、うなずいてくれる学生がいると安心をして話が続けられる。どんな話し手でも聞き手の反応次第で状態が変わってくるのである。

校長は教職員の話を聞くだけではない。子どもたち、保護者、地域の人たちの話を聞く機会が多くある。その時によき聞き手としての校長の姿が期待される。話し手にしっかりと反応をする校長でありたい。

まずはうなずくことである。うなずきは、私はあなたの話をこうしてしっかり聞いていますよ、という合図を送ることである。これが何度かあるだけで、話し手はどれだけ安心して話し続けることができるか。話し手が一人で、聞き手が何人もいる場合、話し手は自然とよくうなずく人の方を見て話すことになる。それだけうなずく人に語りかけたくなるということである。会話というのは双方の言葉のキャッチボールである。うなずきながら聞くことは、自分もこの会話に参加していますという表現なのである。

次に相づちを打って聞くことにも心がけたい。いくら聞き手が笑顔でうなずいて聞いていても、無言であると話しづらくなる。相手がどう思っているかわからないからである。これは電話で話している時のことを想像するとわかりやすい。笑顔もうなずきも電話では見えない。「そうですね」「わかります」「それはよかったですね」などの相づちがあって、初めて話が円滑に進んでいく。面と向かって話している時も、もちろん同じである。相づちがあると、自分の話をわかってくれている安心感で話を進めやすくなる。

「私も同じです」「それはうれしいですね」「それは大変でしたね」「すごいですね」「さすがです」などの相づち、また「それでどうなったんですか」「そしてどんなことを言ったんですか」などの問いをして、積極的な聞き手となることが、校長の聞く力となる。

聞き上手が信頼される

これまで多くの校長先生たちと出会ってきた。校長も一人の人間、集団の中にいるとずっと黙ってあまり話をしない人がいる。上手に雑談などで場を盛り上げる人がいる中で、自分はあまり話が得意でないと、自らコミュニケーションをとることに消極的になっているのかも知れない。しかし、実は話し上手より聞き上手の方が好ましく思われ、信頼を寄せられるのである。

教員になったばかりの者が、仕事量の多さ、複雑さ、子どもや保護者との対応の難しさなどで、挫折してしまう者が少なくない。いや初任者に限らず、中堅、ベテランであっても仕事がうまくいかなくなり、悩みを抱えて心が内向きになってしまう者が後を絶たない。

悩んだり困ったりした時に、職場の中で本音を話せる相手がいるかどうかは、心の健康につながる。悩みごとを打ち明けられる相手がいると、一人で抱え込むことはなくなる。そのような教員のためにも、職場の上司である校長として、聞き上手な校長になりたいものである。話をすることがあまり得意ではなくても、聞き上手になると教員から信頼されてくる。では、聞き上手とはどういう人のことであろうか。

・相手の話の内容に関心を寄せて、興味をもって聞く。
・途中で自分のことに話題をもっていかず、相手の話に集中して耳を傾ける。
・相手の言うことを否定せず、丸ごと受け止める聞き方をする。

このような人が聞き上手なのである。話すほうは、話していて心地よくなり、思わず本音も話して同調してもらいたいという気持ちになってくる。こういう人とはいつまでも話していたいと思わせることになる。

今、学校現場は忙しい。時間もゆとりもない中で日々忙しく動き回っている教員たちは、じっくりと人の話し相手になってあげられるという余裕がない人も少なくない。

しかし校長は違う。数十人いる教職員の組織を率いるのである。この集団を確かに束ねるためには、どんなに忙しくても、人の話をじっくり聞き、聞き上手の校長となることである。自分の時間を削ることも校長の仕事、人の話を聞くことに時間を惜しんではいけない。

人は話をするとすっきりする。自分のことを人に話すことを「自己開示」と言うが、自己開示にはストレス発散の効果があると言う。例え、問題が解決しなくても、学校の最高責任者の校長に話を聞いてもらったというだけで、心が落ち着く者はたくさんいるのである。話をじっくり聞いて、教員一人一人を大事にしていきたい。

人の話をよく聞くことは、その人を助けることになる。学校経営は人を生かすことである。要は心構え、「聞く力」は「聞く心」なのである。

親身になって聴く

子どもたちの前に立つ教員は、明るく元気でいてほしい。笑顔で接する教員の姿が、学級の子どもたちを元気にさせる。しかし教員も一人の人間、さまざまな悩みを抱えることがある。

仕事上のことはもちろんのこと、私生活のことでも、問題が生じると本業にもなかなか十分な力が発揮できない。これは誰でも同じであろう。学校の教育活動を順調に進めるために、目の前にいる子どもたちのために、悩みを抱えた教員を救うことは校長の大切な役目である。

校長時代、こんなことがあった。ある女性教員が泣きながら校長室にやって来た。ご主人の就職の悩みである。ある職業に向けて試験を受けていたが、今回が年齢的に最後のチャンスで、それが残念な結果に終わり、将来が見えなくなってしまったということである。その落胆、不安、動揺した気持ちをよく聞いてあげた。

数日後に、ご主人を入れて三人で会い、じっくり話を聞いた。当初考えていた職業はあきらめるが、今後、就職活動をするにあたり、何をどうしていったらいいのかわからず不安であるということであった。

私の大学時代の友達でリクルート関係の会社を立ち上げた者がいた。その場ですぐに電話をして、この教員のご主人の話を聞いてもらうことを約束した。ご主人はオフィスに出向き、自分のこれまでの経歴、資格、就職するにあたっての希望条件などを話し、その社長から情報を得て、就職に向けて動き出した。それから二か月後、無事に就職が決まった。東京を離れて地方に行ったが、彼のこれまでの経歴を生かすことができる仕事であった。彼女のほうは東京の教員を退職し、新たな住居地で採用試験を受けて合格し、現在はまた教員として元気に働いている。

成功するまでの間、何度となく励ましの言葉を送った。私の話が心に染みた、新たな出発ができることになったのは校長先生のおかげ、感謝してもしきれない、という丁寧な、そして喜びにあふれた手紙を後日もらった。

「きく」とは通常は「聞く」と書くが、「聴く」と書く時もある。この違いは「聞く」とは、音や声が自然と聞こえてくる状態であり、「聴く」とは、こちらが能動的な態度で真剣になって相手の話を理解しようとすることである。

医療現場では「傾聴・共感・受容」が痛みを和らげると言う。話し手の思いをよく聴き、共感し、受け入れることによって、校長の姿は温かな血の通ったものになる。

私も私的なことで相談をした校長先生がいた。その方は大変親身になって聴いてくださり、力になってくれて動いてくれた。当然のことながら、その校長先生は周囲の人たちから大きな信頼を寄せられていた。親身になって聴くとはこのことである。感謝の気持ちはいつまでも忘れない。

90人の卒業生には90の言葉を

教員時代、六年生の担任として卒業生を送り出す時に、晴れの舞台で担任から一言、卒業生にはなむけの言葉をかけたいとずっと思っていた。しかし担任は卒業生台帳を手に呼名をするだけである。その子との思い出を振り返りながら名前を呼んだものである。

校長になってからもこの思いが消えず、私は卒業式で卒業証書を授与する時に卒業生一人ずつに言葉をかけた。校長は担任と違い、子どもたちとふれあうことは日常あまりない。そこで毎年、卒業式に向けて手元に六年生の子どもたちの様子を書き込むノートを作った。

六年生全員の名前を書き、一人一人に応じて一年間のさまざまな活動で気がついたことを書いていく。運動会での活躍、学芸会での配役、授業観察をした時の学習の頑張り、音楽会での役割などで気がついたこと、担任から聞いていて印象的だったこと、廊下などで話しかけてきたこと、校長室に遊びに来た子と交わした会話などをメモする。

また泊まりがけの行事である移動教室では、キャンプファイア、肝だめし、山登り、自然体験活動などで、子どもたちと多くの語らいをもった。ともに活動をしながら、私の子ども時代の思い出を話したり、冗談を言い合ったりして、学級担任時代の子どもとのふれあいを思い出したものである。子どもたちのことを知る多くの材料にあふれていた。

年度末には卒業生と校長との会食がある。給食を食べながら、卒業前の子どもたちの心境、中学校への期待感、小学校時代の思い出などを聞くことができ、楽しいひとときであった。卒業を祝う会、六年生を送る会の六年生の姿なども、貴重な材料となった。

厳粛な雰囲気の中で進む卒業式。卒業証書を渡す時に子どもたち一人一人に語りかける。

「運動会の応援団長、大きな声が出ていて素晴らしかったね。中学校に行っても立派なリーダーになると思うよ」「移動教室では、山登りの時に友達の荷物を持ってあげてやさしかったね。そのやさしさをこれからも大切に」「笑顔がいつも素敵でした。いつも多くの友達に囲まれていたものね。あなたの笑顔が人をひきつけたんだよ。」「医者になるというのは素晴らしい夢だ。君なら絶対になれる。いい医者になって、校長先生が年をとった時に主治医になってほしいね」

このような言葉を、一人一人の目を見て語りかけた。子どもたちは校長から壇上で声をかけられて驚くと同時に、自分一人だけに向けた内容だったことにうれしさを感じ、最高の笑顔を見せてくれた。

卒業式での壇上では、卒業生は校長と二人きりになる。その笑顔は校長の話す力でつくられる。

原稿を見ないで話す校長式辞

一年間の学校の教育活動の最後を飾るものは、やはり卒業式であろう。卒業生、在校生、保護者、来賓、教職員など数百人がいる会場で、独特の緊張感が漂う卒業式。校長の話す一番の大舞台はこの卒業式での校長式辞である。

校長になる前、何十年も卒業式での校長式辞を聞いていてある違和感をもっていた。それは予め書いてある原稿を何度も読む練習をしてきて、当日それを読み上げることにあった。

校長式辞とはどういう意味をもつのであろうか。それは六年間の小学校生活の中で多くのことを学びとった子どもたちに、これからの中学校生活に向けて贈る未来志向のメッセージである。卒業証書を受け取った直後の一人一人の彼らの顔を見て、今の言葉を語りかけることが何よりも大事であると思う。

私は二校で九年間、校長の職務を行った。計九回の卒業式の校長式辞でただの一度も原稿を読み上げたことはない。（入学式でも）もちろん、だいたいの話は頭の中で考えておいたが、原稿は用意しない。何も読まずに、卒業生一人一人の顔を見ながら語りかけた。目の前にいる子どもたちを見て、わき起こる今の自分の言葉を入れて贈りたかったからである。

ある年は、小学生の時に私の家が漫画家の手塚治虫さんのスタジオに近かったことから、鉄腕アトムの話をした。「人間とロボットは争ってはいけないよ。仲良くしなければいけないんだ！」感情をもったロボットのアトムの言葉を卒業生に向けて伝え、君たちがつくりあげるものが未来なのだと話しかけた。

ある年はジョン・レノン、渥美清さんらが、子どもの時に決して優等生ではなかったことを紹介し、学校での成績が必ずしもその後の人生に直結するものではない。人間はいつか自分の力が発揮されることがある。そのためにいつも前向きに進む大切さを話した。

私が二十代の時に、教師をしていた母が亡くなったことから、母が撮ってくれた兄と私の写真を見せ、母の思い出を語り、親の愛情を感じ取れる人間になろうと語りかけた年もある。

東日本大震災の時は考えていた話を急遽、卒業式の三日前に変更した。避難した人たちの整然とした立派な行動、そして、その人たちを助けようとする全国の動きを紹介して、卒業生にこれからの生きる道を語りかけた。式辞を終えた後、保護者席から大きな拍手がわき起こり、目頭が熱くなる瞬間だった。

原稿なしで校長式辞に臨むのは勇気のいることである。メモを用意してそれを時々見ながらでもよい。卒業生一人一人の顔を見ながら語り、今、私はあなたたちとこの場に一緒にいますよという空気感を大事にしたい。原稿の棒読みは避けたいものである。流暢さは必要ない。多少つっかえたとしても、自分の言葉で自分の語りたいことを語る。それが人の心を動かす式辞となるだろう。校長の話す力は、一人一人に熱意を込めて語りかける力なのである。

おわりに

全校朝会の前に何人かの子どもたちが、「校長先生、今日の朝会ではどんな話をしてくれるの？」と聞いてきたことがあります。毎週月曜日、朝会での私の話を聞くことが楽しみなのだと言ってくれていました。卒業式の後、来賓や保護者、教職員たち、多くの方々が、毎年、私の校長式辞に心を動かされたと後々の会でも話題にしてくれました。また、卒業生が門出送りの後に来て、「校長先生が私の話をよく聞いてくれてうれしかったです」などと言ってくれたこともありました。

多くの方たちに支えられて、その人たちとの関わりの中で、自分が力を入れてきたことと言えば「話す力・聞く力」だったのだと、今、改めて思います。

故井上ひさしさんの言葉である「難しいことをわかりやすく、易しいことを深く、深いことを面白く」話すことをこれまで心がけてきたつもりです。現在、私は大学教員として教壇に立ち、今もなお、この「話す力・聞く力」の勉強の真っ只中にいます。全国の校長先生たちと共に学び続けていきたいと思います。

今回、第一公報社の大平聡社長の熱心で温かな励ましにより、これまでの自分を振り返り、この書をまとめることができたことは大きな喜びです。厚く感謝を申し上げます。また本書のイラストは、私が東久留米市立第九小学校長の時に初任者教員で入ってこられた、材木優佳教諭（現在（平成二十九年度）、杉並区立八成小学校）にお願いしました。イラストがとても得意で、学級だよりなどに生かしていた先生です。ありがとうございました。

遠藤真司（えんどう しんじ）

元早稲田大学教職大学院客員教授、開智国際大学教育学部准教授。早稲田大学法学部卒業。民間企業二社を勤務した後、東京都公立小学校の教諭となる。二校九年間にわたり、校長として学校経営に当たる。専門領域は国語教育、学級経営、教員養成学校経営。全国連合小学校長会機関誌『小学校時報』編集委員長、東京都小学校国語教育研究会会長、東京都研究開発委員会委員長、小学校国語教科書編集委員などを歴任。

NHKのニュース番組等で教育問題のコメンテーターを務め、また多くの学校の研究会講師で指導に当たる。西東京市教育委員会教育計画策定懇談会座長、理想教育財団学級力向上研究会関東部会部会長、日本国語教育学会会員、日本義務教育学会会員、東京都小学校国語教育研究会顧問。

著書：『教育の質を高める教育原理』共著（大学図書出版）、『国語科を通して考える学級力の向上』（理想教育財団季刊誌理想二〇一七年秋号）、「カリキュラム・マネジメントを推進する学校経営」（『小学校時報』平成二十九年八月号 教育論壇、第一公報社）、『小学校国語教育 板書で見る全単元の授業のすべて』共著（東洋館）、他多数。

明日を創る学校経営Ⅰ 校長の力は『話す力・聞く力』で決まる

平成29年（2017）10月5日 初版第一刷
令和7年（2025）4月18日 初版第四刷

著者 遠藤真司

発行人 大平聡

発行所 株式会社 第一公報社

〒112－0002
東京都文京区小石川4－4－17
電話03(6801)5118 FAX03(6801)5119

カット 材木優佳
大平聡（P.4）
写真協力 石井暁子
大熊啓史
佐々木千穂
庄司和明
長塚まみ

印刷・製本 日本ハイコム株式会社

落丁本・乱丁本はお取替えいたします

ISBN978－4－88484－331－1 C3037